Illustration de 4e de couverture faite d'après la gouache découpée de Jean-Baptiste Lesueur,
Groupe de citoyens combattant aux Tuileries. Paris, le 10 août 1792 (musée Carnavalet, Paris)

Loi numéro 49 956 du 16 juillet 1949 sur les publications
destinées à la jeunesse : mars 2017
Dépôt légal : mars 2017
Imprimé en France par Pollina à Luçon - L79429
ISBN 978-2-211-22237-2

LA RÉVOLUTION FRANÇAISE

Illustrations de Thibaud Guyon
Texte de Philippe Brochard

l'école des loisirs
11, rue de Sèvres, Paris 6e

SOMMAIRE

LA JOURNÉE DES TUILES

7 juin 1788

En cette fin de XVIIIe siècle, la France va mal. Plusieurs étés de sécheresse suivis d'hivers très pluvieux ont compromis les récoltes et fait grimper le prix du pain. La misère a beaucoup augmenté, la famine menace. Le pays est mal administré, et les injustices sont évidentes.

La population ne peut plus supporter les privilèges dont jouissent l'aristocratie et le clergé. Un peu partout en province, des révoltes éclatent. À Grenoble, on envoie l'armée pour réprimer une émeute. Des Grenoblois montent alors sur les toits et jettent des tuiles sur les soldats. Cette journée des Tuiles va marquer les esprits.

L'OUVERTURE DES ÉTATS GÉNÉRAUX

5 mai 1789

Le roi de France, Louis XVI, est conscient qu'il faudrait réformer le pays, mais il ne sait pas très bien ce qu'il faudrait faire, ni comment s'y prendre. Il demande que l'on rédige dans toutes les communes des « cahiers de doléances », dans lesquels chacun peut écrire ce qu'il souhaiterait voir changer.

Puis il convoque les États généraux. C'est une assemblée composée de trois ordres : la noblesse, le clergé et le tiers état, élu par le peuple et qui représente à lui seul 90 % de la population. Si la noblesse et le clergé entendent maintenir leurs privilèges, ils pourront facilement bloquer toute réforme.

LE SERMENT DU JEU DE PAUME

20 juin 1789

Après des semaines de discussions sans résultat, les députés du tiers état annoncent qu'ils quittent les États généraux. Ils envahissent la salle du Jeu de paume – une sorte de gymnase dans lequel on pratiquait un ancêtre du tennis – et font le serment de ne pas se séparer tant qu'ils n'auront pas obtenu une

Constitution, avec des lois qui s'appliqueront à tous. Le roi hésite à employer la force. Quelques députés issus de la noblesse et du clergé décident de rejoindre le tiers état. C'est la fin de la monarchie absolue et le début de la monarchie constitutionnelle.

LA PRISE DE LA BASTILLE

14 juillet 1789

Pendant ce temps, le peuple de Paris s'impatiente. Le pain vient à manquer et des rumeurs circulent : veut-on affamer la population ?
Le roi va-t-il envoyer l'armée pour disperser les députés, réprimer les révoltes ?
Le peuple cherche à s'armer.
Les insurgés récupèrent trente mille fusils aux Invalides et décident de prendre la Bastille, une vieille prison où sont également entreposées des armes. Au bout de trois heures d'affrontement la Bastille cède, son gouverneur est tué, et sa tête brandie dans les rues au bout d'une pique : la Révolution est en marche.

Visez les canonniers !
À mon commandement, feu !
Rendez-vous !
Je suis blessé !

LA GRANDE PEUR

Juillet 1789

Les nouvelles se répandent rapidement et la révolte s'étend à toute la France. Les paysans, les artisans, les gens du peuple prennent les armes et attaquent les châteaux et les abbayes.
Ils détruisent les archives où sont consignées leurs dettes et leurs obligations envers les propriétaires. Ils pillent les biens de la noblesse et des notables. Les aristocrates prennent la fuite, et tentent de gagner l'étranger.
À Paris, dans la nuit du 4 août, les députés votent l'abolition de tous les privilèges. Puis ils rédigent la *Déclaration des droits de l'homme et du citoyen*, qui sera adoptée le 26 août. Elle commence par ces mots : « Tous les hommes naissent et demeurent libres et égaux en droits. »

Jette ça au feu ! Ce sont leurs archives !
Ce ne sont que des bibelots inutiles !

LA FÊTE DE LA FÉDÉRATION

14 juillet 1790

Après l'abolition des privilèges, l'Assemblée décide que les biens de l'Église appartiennent désormais à la nation. Leur mise en vente permettra de financer les réformes. Peu à peu, les révolutionnaires administrent l'ensemble du pays, et le pouvoir du roi est marginalisé. Pour célébrer cette nouvelle France,

on organise un an après la prise de la Bastille, la « fête de la Fédération ». Louis XVI y assiste, mais elle est présidée par le général La Fayette, qui a grandement contribué à la révolution américaine. Il arbore une cocarde tricolore : le bleu et le rouge sont les couleurs de Paris, le blanc, celle du roi.

LES ARBRES DE LA LIBERTÉ

1791-1792

Le pays change en profondeur. L'Assemblée nationale crée les départements pour remplacer le découpage féodal. Les titres de noblesse disparaissent. Chacun a désormais le droit d'exercer le métier qu'il souhaite. On instaure le mètre comme unité de mesure. Partout en France, on plante des arbres de la Liberté, symboles d'une nouvelle ère qui commence.

Vive la liberté !
Il est pas un peu maigrichon ?

LA FUITE DE VARENNES

20-21 juin 1791

Cette unité populaire provoque l'inquiétude du roi, qui cherche à fuir le pays avec sa famille. Malgré ses habits de simple intendant,

il est reconnu et arrêté à Varennes-en-Argonne, non loin de la frontière, et ramené au palais des Tuileries à Paris.

LES SANS-CULOTTES AU POUVOIR

10 août 1792

À Paris, la crise économique s'accroît et la misère s'étend.
Les sans-culottes – qu'on appelle ainsi parce qu'ils portent un simple pantalon et non la culotte et les bas de soie des aristocrates – manifestent pour réclamer des changements politiques plus radicaux. On redoute aussi que les royaumes de Prusse et d'Autriche ne déclarent la guerre à la France pour y rétablir la monarchie absolue. Le 10 août 1792, les sans-culottes prennent d'assaut le palais des Tuileries et emprisonnent le roi et sa famille au Temple, une forteresse féodale dans le quartier du Marais.

LA BATAILLE DE VALMY

20 septembre 1792

L'Assemblée nationale estime qu'il faut faire face à la coalition des monarchies voisines et déclare la guerre. Danton, un révolutionnaire déterminé, crée une armée nouvelle, républicaine, mêlant les soldats expérimentés de l'armée royale et de nouvelles recrues farouchement décidées à se battre pour la république. Le 20 septembre 1792, cette armée révolutionnaire gagne

une bataille importante en mettant en déroute l'armée prussienne sur les hauteurs de Valmy, en Champagne. Le lendemain, la nouvelle assemblée qui vient d'être élue, et qu'on appelle la Convention, vote l'abolition de la royauté. Le 22 septembre commence l'an I de la République. Un nouveau calendrier sera mis en vigueur un an plus tard.

L'EXÉCUTION DE LOUIS XVI

21 janvier 1793

Malgré de nouveaux succès militaires, le gouvernement est fragile, et Danton mène une politique impitoyable contre les « ennemis de l'intérieur » – aristocrates, prêtres, bourgeois enrichis sous l'Ancien Régime, royalistes… De nombreuses condamnations à mort sont prononcées.

Après cinq semaines de procès, la Convention vote la mort de Louis XVI, qui est décapité le 21 janvier 1793, place de la Révolution, aujourd'hui place de la Concorde. Marie-Antoinette sera bientôt condamnée à son tour.

LA BATAILLE DE CHOLET

17 octobre 1793

(26 vendémiaire an II)

Dans l'Europe entière, l'exécution du couple royal sème la consternation. L'Angleterre, l'Autriche, la Prusse, la Hollande, le Portugal et la Russie s'allient contre la France.
Mais dans le pays aussi, beaucoup déplorent la mort du roi et la fin du pouvoir de l'Église.
La Convention crée un Comité de salut public. Il contrôle le Tribunal révolutionnaire qui va pourchasser les ennemis de la République : c'est le régime de la Terreur.
Dans certaines régions, à Lyon, à Bordeaux, et surtout en Vendée, où des révoltes paysannes ont donné naissance à une armée contre-révolutionnaire, le Comité de salut public envoie l'armée républicaine. Les deux armées s'affrontent violemment à Cholet et dans d'autres lieux.
La France est au bord de la guerre civile.

La liberté ou la mort !

LA CHUTE DE ROBESPIERRE

27 juillet 1794

(9 thermidor an II)

Comment sortir de la Terreur ? Un avocat originaire d'Arras, Robespierre, prend la tête du Comité de salut public au début de l'année 1794. Il fait bloquer les prix pour permettre aux plus pauvres de manger à leur faim, et abolit l'esclavage dans les colonies. Il met en accusation les plus extrémistes, qu'on appelle les Enragés, mais aussi Danton, qui s'est enrichi de façon scandaleuse. Les condamnations s'enchaînent. Mais les Français ne supportent plus cette folie meurtrière, et un complot est monté contre Robespierre. Accusé de tous les crimes, il sera exécuté sans procès dès le lendemain de son arrestation.

Tyran !
Non, ne tirez pas !

LE DIRECTOIRE

1795 (an III)

En 1795, une nouvelle Constitution est votée. Elle met en place un nouveau régime, le Directoire. Le pouvoir exécutif est exercé par cinq directeurs, qui sont chargés de maintenir la paix sociale et de faire revenir la prospérité en France.
Peu à peu, le pays reprend confiance. Pour oublier la Terreur, les jeunes gens font la fête. Ils s’amusent à copier de façon excentrique les anciens aristocrates.

On surnomme ces jeunes gens insouciants les « Muscadins », les « Merveilleux » ou les « Incroyables ». Cependant, si les choses ont retrouvé une certaine normalité, et la vie une forme de légèreté, la guerre est toujours présente aux frontières. Un jeune général talentueux se fait remarquer par ses victoires. Il est appelé à Paris pour faire partie du Directoire, dont il prendra bientôt la tête. Il se nomme Napoléon Bonaparte.

LEXIQUE

Aristocratie

Classe sociale considérée comme supérieure, dont les membres sont censés posséder des vertus qui font défaut aux gens du peuple.
Sous la Révolution, on désigne souvent comme « aristos » les partisans de l'Ancien Régime, d'où une célèbre chanson qui dit : *« Ah ça ira, ça ira, les aristocrates on les pendra ! »*

Clergé

Ensemble des responsables d'une église – les « clercs ». En France, à la fin du XVIIIe siècle, les membres de l'Église officielle (catholique) élisent leurs représentants aux États généraux : les curés et les évêques. Le clergé est le premier ordre dans la société française, devant la noblesse et le tiers état.

Colonie

Territoire occupé et administré par un pays étranger. Le pays colonisateur y exerce tout pouvoir politique et économique.

Comité de salut public

Organisme créé par la Convention le 6 avril 1793, afin de surveiller l'action des ministres et de prendre, si nécessaire, des mesures urgentes de défense contre des ennemis (extérieurs ou intérieurs). Il devint l'instrument principal de la Terreur, et après l'élimination de Danton, il fut dirigé par Robespierre.

Constitution

Ensemble des lois fondamentales qui établissent la forme d'un gouvernement, règlent les rapports entre gouvernants et gouvernés et déterminent l'organisation des pouvoirs publics.

Convention

La Convention ou « Convention nationale » est l'assemblée qui fonde la République et qui gouverne la France du 21 septembre 1792 au 26 octobre 1795. Pour la première fois en France, ses membres sont élus au suffrage universel masculin.

États généraux

Assemblée que le roi de France peut décider de convoquer en cas de crise politique. Elle réunit les trois ordres de la société (le clergé, la noblesse, le tiers état). Cette assemblée extraordinaire était le plus souvent convoquée en cas de guerre ou de grave crise diplomatique. Depuis 1614, les États généraux n'avaient plus été convoqués car la monarchie était devenue absolue.

Fédération

Nom donné, sous la Révolution, à l'association formée par les patriotes pour lutter contre les ennemis de la liberté. La fête de la Fédération organisée le 14 juillet 1790 à Paris rassemblait les délégués des fédérations de province.

Féodal

Le système féodal a régi une grande partie de l'Europe pendant tout le Moyen Âge.
Dans ce système, la majorité de la population,

principalement les paysans, était soumise à de grands propriétaires terriens, les seigneurs. Beaucoup de lois et de coutumes féodales, qui infligeaient toutes sortes d'obligations aux paysans envers leurs maîtres, ont perduré jusqu'à la Révolution.

Guillotine

Inventée par un médecin, le Dr Guillotin, qui la fit adopter par l'Assemblée en 1789, c'était un instrument qui servait à décapiter les condamnés à mort. La tête du condamné était tranchée par un couperet qui glissait entre deux montants verticaux. Après la Révolution, la guillotine a continué de servir aux exécutions jusqu'à l'abolition de la peine de mort, en 1981.

Monarchie

Régime politique dans lequel le chef de l'État – qu'on appelle le monarque – est un roi ou un empereur qui transmet automatiquement son pouvoir à sa descendance.

Monarchie absolue

Monarchie où le pouvoir du roi est total, il n'est contrôlé par aucune autorité.

Monarchie constitutionnelle

Monarchie dans laquelle le pouvoir du roi est limité par une Constitution.

Noblesse

Catégorie de gens qui assurent des fonctions publiques et qui, pour cette raison, bénéficient de privilèges honorifiques, fiscaux et juridiques. Les nobles ont aussi des devoirs : servir à l'armée, être fidèles au roi, vivre « noblement », ce qui leur interdit la plupart des activités économiques. Être noble se caractérise par un titre (baron, comte, duc, etc.) Au cours des siècles, la noblesse est devenue héréditaire. Elle ne représente que 1,5 % de la population française, mais elle est le deuxième ordre du royaume.

Privilèges

Avantages d'origine ancienne ou accordés par décision royale. Ils établissaient et justifiaient l'inégalité dans la société française. Les personnes ou les groupes de personnes qui en bénéficiaient étaient favorisés économiquement et juridiquement.

Terreur

Régime de répression et de mesures exceptionnelles, marqué par des exécutions massives, qui a eu lieu pendant la Révolution, approximativement de l'été 1792 à l'été 1794. La Terreur prend fin avec la chute de Robespierre.

Tiers état

Ensemble des personnes qui n'appartenaient ni à la noblesse ni au clergé. Aux États généraux de 1789, le tiers état est avant tout représenté par des avocats, des négociants et quelques riches agriculteurs.

Tribunal révolutionnaire

Tribunal spécialement créé pour juger les ennemis de la Révolution, le 10 mars 1793.

QUELQUES PERSONNAGES IMPORTANTS

Louis XVI

1754 - 1793

Il est le dernier roi de la monarchie absolue française. Face à une situation financière catastrophique, il ne parvient pas à prendre les mesures nécessaires, malgré son sens du devoir et sa bonne volonté. Ses fautes et ses maladresses le rendent peu à peu impopulaire. Jugé par la Convention, il est condamné à mort par 387 voix contre 334.

Marie-Antoinette

1755 - 1793

Fille de l'empereur d'Autriche, épouse de Louis XVI, elle est peu aimée du peuple français, qui la surnomme l'Étrangère ou l'Autrichienne. Opposée aux idées nouvelles, elle pousse son mari à résister par la force à la Révolution. Emprisonnée au Temple avec sa famille, elle est jugée par le Tribunal révolutionnaire et exécutée peu de temps après le roi.

Général La Fayette

1757 - 1834

À vingt ans, il part soutenir les Américains dans leur lutte pour l'indépendance. Auréolé de cette gloire, il est élu député aux États généraux en 1789. Il commande la Garde nationale de Paris et, jusqu'en juin 1792, il prend la défense de la famille royale en estimant qu'une monarchie constitutionnelle est possible.

Jean-Paul Marat

1743 - 1793

Médecin et physicien, il s'engage énergiquement en faveur de la Révolution. De 1789 à 1792, il publie *L'Ami du peuple*, un journal où il prend position sur tous les sujets d'actualité. Élu à la Convention en septembre 1792, il réclame le procès de Louis XVI. Ses fréquents appels à l'insurrection effraient ses adversaires plus modérés. Il est assassiné par Charlotte Corday alors qu'il prenait son bain.

Maximilien de Robespierre

1758 - 1794

Avocat, député du tiers état aux États généraux, il devient chef du parti jacobin, partisan de la république et ferme soutien de la Révolution. Il entre au Comité de salut public en 1793 et, avec ses amis Couthon et Saint-Just, il mène toute la politique du gouvernement révolutionnaire pendant un an, éliminant peu à peu ses adversaires et portant le régime de la Terreur à son point culminant. En raison de son intransigeance, on l'a surnommé l'Incorruptible.

Georges Jacques Danton

1759 - 1794

Cet orateur brillant est le principal artisan de l'insurrection des sans-culottes, le 10 août 1792. Élu à la Convention puis chargé de la défense nationale, il devient membre du Comité de salut public, dont il est exclu en juillet 1793, car jugé trop modéré. Après avoir été un farouche révolutionnaire, il souhaite la fin de la Terreur et entreprend des négociations secrètes avec les opposants. Ayant profité de ses fonctions pour s'enrichir de façon scandaleuse, il est accusé de malversation et de trahison par Robespierre, et guillotiné en même temps que Camille Desmoulins.

Mirabeau

1749 - 1791

Quoique noble, il est élu en 1789 représentant du tiers état d'Aix. Orateur prestigieux, il plaide en vain pour une monarchie constitutionnelle et suscite la méfiance des députés.

Camille Desmoulins

1760 - 1794

Le 12 juillet 1789, dans les jardins du Palais-Royal, il appelle les Parisiens à prendre les armes. Partisan des idées révolutionnaires, il donne ainsi le signal de l'insurrection qui aboutira deux jours plus tard à la prise de la Bastille.